Couvertures supérieure et inférieure
en couleur

1

Sommaire:

Sur les Lois de la Population et leur application à
la Belgique, Humanité Nouvelle déc.1900

Préface à Pour la Vie de A.Myrial.Bruxelles,Bibl.
des Temps Nouveaux,no 25.

L'Avenir de l'Afrique du Sud, Le Journal,Paris,14
mars 1902.

L'Anarchiste, Almanach anarchiste pour 1902.Paris.

Sur les Troubles Universitaires en Russie,1902.

Sur Les Temps Héroiques d'André de Paniaga, Revue,
1.mai 1902.

La Riforma in Germania,Mantoue,università Popolare,
1.mai 1902.

La leggenda dei Popoli,Università popolare de Man-
toue, 8o19 1902.

A la Jeunesse Laique, Annales de la Jeunesse Laique,
Paris juillet 1902.

Sur Black Jamaica, Humanité Nouvelle,oct.1902.

Réforme de la Chronologie par G. de Mortillet.

Les lois de la population et leur application à la Belgique, par G. Cau-
DERLIER; 1 vol. in-8°; 572 p.; 20 f.; Guillaumin, éditeur; Paris, 1900. — Pour toute
personne s'occupant d'économie politique, le livre de M. Cauderlier est d'une inesti-
mable valeur. Il a recherché avec le plus grand soin les lois qui régissent les mouvements de la population, c'est-à-dire la nuptialité, la mortalité et la population
totale.

Par un travail laborieux, il est parvenu à dégager l'influence spéciale de chacune
des causes qui agissent sur les mouvements de la population en comparant entre
eux les phénomènes observés dans différents pays, à différentes époques. Les dia-
grammes qui accompagnent le texte sont des plus suggestifs.

ÉLISÉE RECLUS.

1901.

PRÉFACE

***

    Ceci est un livre fier, écrit par une femme plus fière encore.

    « Pour la vie » n'a donc besoin d'aucune préface ; mes paroles seront ici parfaitement superflues. Je les donne néanmoins, puisque j'y suis convié, mais à titre d'ami seulement et pour chanter en sourdine quelques notes à l'urisson de la belle voix qui nous entonne harmonieusement l'Hymne à la Vie.

    — « Homme où iras-tu ? »

    — « Sous le Ciel ! »

    — « Où vivras-tu ? »

    — « Sur la Terre ! »

    — « Qui te guidera ? »

    — « Moi-même ! »

    Tel est le thème en son audacieuse simplicité ! C'est bien, et moi aussi je suis heureux de chanter la vie, cette vie qui sera si bonne... quand tous auront du pain et la liberté.

En attendant, n'oublions pas que jamais nous ne pourrons conquérir ce pain et cette liberté pour tous, tant que nous seront des couards, n'osant pas même penser nos pensées et vivre de notre vie propre, tant que nous compliquerons notre morale de préjugés, de faux respects et de faux devoirs, tant que nous éviterons de nous conduire vaillamment en une belle harmonie avec notre vraie nature.

Quand on nous raconte l'histoire des veuves hindoues qui se faisaient une pieuse obligation de monter sur le bûcher de leur mari, nous manifestons un étonnement naïf comme si nous n'étions pas nous-même des êtres assez déments pour nous offrir en victimes volontaires, pour nous suicider, non en vue d'une belle œuvre, mais en vertu de niaiseries, de vanités ou de mensonges. Que resterait-il de nos existences à chacun de nous si nous en retranchions les heures pendant lesquelles nous avons simulé une mentalité et une moralité qui ne sont point nôtres ? Nous sommes habitués à porter le masque, si bien qu'il nous paraît étrange de laisser voir notre vraie figure, de proclamer d'une voix franche et personnelle ce que nous savons être la vérité. Par veulerie, nous n'avons pas même la chance d'être bons quand nous voudrions l'être. Il nous semble plus « distingué » d'être banal, neutre, médiocre, de nous assouplir

aux recettes de la vertu domestique et du bon ton, comme on le professe sous la coupole de l'Institut !

Mais les temps viendront où le chant de triomphe de notre amie sera entendu, où nous comprendrons la voix franche qui nous appelle à vivre sincèrement joyeusement notre véritable vie ; et nous répéterons avec elle :

« Le but de l'homme est d'être lui-même ;

« Le but de sa vie est de ne pas être mort en paraissant vivre ! »

Élisée RECLUS.

2 Juin 1901.

Messieurs,

Vous me demandez une parole de sympathie à l'adresse des malheureux affamés de la Pouille. Hélas ! il n'y a rien à faire si on ne s'attaque à la propriété même. C'est à ces faméliques qu'appartient le sol; à eux que les produits sont volés. Le premier devoir de tous ceux qui les aiment, est de les aider à reprende entièrement leur bien, le terrain nourricier.

Votre dévoué

Elisée Reclus.

14 mars 1902.

L'Avenir de l'Afrique du Sud

Suite de l'enquête de notre collaborateur Ludovic Naudeau

Lettre d'Elisée Reclus

On sait que l'éminent géographe et sociologue français Elisée Reclus — dont l'œuvre est un monument et dont la vie privée est exemplaire — est un de ces penseurs que l'absolutisme de leur idéal entraîne vers de généreuses chimères et jusqu'aux utopies de l'anarchie.

Très longtemps après avoir reçu ma lettre, il me répond dans ces termes :

Votre enquête est probablement close, ce qui me permet de vous répondre, car je suis très récalcitrant à toutes les formes du parlementarisme.

Quant à vos questions relatives à l'Afrique du Sud, voici ma pensée :

Les Français ont mauvaise grâce à s'occuper des crimes de l'Angleterre, alors que leur propre nation est coupable des mêmes atrocités.

Regardons vers le Soudan, vers Madagascar et le Tonkin.

Tout ce que nous pouvons reprocher aux autres, commençons par le reprocher à nous-mêmes. Pardonnez-moi de répondre ainsi en dehors du questionnaire. Je ne considère ici la question qu'au point de vue moral.

Elisée RECLUS.

L'ANARCHISTE

Par définition même, l'anarchiste est l'homme libre, celui qui n'a point de maître. Les idées qu'il professe sont bien siennes par le raisonnement ; sa volonté, née de la compréhension des choses, se concentre vers un but clairement défini ; ses actes sont la réalisation directe de son dessein personnel. A côté de tous ceux qui répètent dévotement les paroles d'autrui ou les redites traditionnelles, qui assouplissent leur être au caprice d'un individu puissant, ou, ce qui est plus grave encore, aux oscillations de la foule, lui seul est un homme : lui seul a conscience de sa valeur en face de toutes ces choses molles et sans consistance qui n'osent pas vivre de leur propre vie.

Mais cet anarchiste qui s'est débarrassé moralement de la domination d'autrui et qui ne s'accoutume jamais à aucune des oppressions matérielles que des usurpateurs font peser sur lui, cet homme n'est pas encore son maître aussi longtemps qu'il ne s'est pas émancipé de ses passions irraisonnées. Il lui faut se connaître, se dégager de son propre caprice, de ses impulsions violentes, de toutes ses survivances d'animal préhistorique, non pour tuer ses instincts, mais pour les accorder harmonieusement avec l'ensemble de sa conduite. Libéré des autres hommes, il doit l'être également de soi-même pour voir clairement où se trouve la vérité cherchée, et comment il se dirigera vers elle sans faire un mouvement qui ne l'en rapproche, sans dire une parole qui ne la proclame.

Si l'anarchiste arrive à se connaître, par cela même il connaîtra son milieu, hommes et choses. L'observation et l'expérience lui auront montré que par elles-mêmes toute sa ferme compréhension de la vie, toute sa fière volonté resteront impuissantes s'il ne les associe pas à d'autres compréhensions, à d'autres volontés. Seul, il serait facilement écrasé, mais, devenu force, il se groupe avec d'autres forces constituant une société d'union parfaite, puisque tous sont liés par la communion d'idées, la sympathie et le bon vouloir. En ce nouveau corps social, tous les camarades sont autant d'égaux se donnant mutuellement le même respect et les mêmes témoignages de solidarité. Ils sont frères désormais et les mille révoltes des isolés se transforment en une revendication collective, qui tôt ou tard nous donnera la société nouvelle, l'Harmonie.

ELISÉE RECLUS.

SENTIMENTS DES PROFESSEURS DE L'EUROPE

SUR LES TROUBLES UNIVERSITAIRES DE RUSSIE

M. **Elisée Reclus**, *Professeur à l'Université nouvelle de Bruxelles :*

« On nous dit que les conquérants russes se préparent à « civiliser » les Mongols Mandchoux et Tébétains; mais, au contraire, ne sont-ils pas maintenant en voie de se « barbariser », devenus eux-mêmes les dignes petits-fils des Gengis et des Tamerlan? Le tableau que nous présente l'empire est ce qu'on vit jamais de plus atroce. Sur l'ordre des classes dirigantes, des meurtriers se ruent sur tous ceux qui travaillent, qui pensent et qui font le bien. Voilà le Tsar, que la maladie lente a marqué pour la mort, et qui cherche à se venger d'avance sur ses sujets jeunes et sains ! A ses côtés voilà la tourbe des parasites de toute espèce, galonnés et parfumés, qui pour assurer la durée de leurs privilèges s'exercent aux jeux du massacre! Des professeurs siègent à côté de policiers et de gendarmes pour condamner leurs élèves à la servitude militaire, même à la mort; des généraux, menant après eux des académiciens et des savants, lancent leur cavalerie de cosaques pour cingler de leurs fouets la face des étudiants et pour les écraser aux pieds de leurs chevaux !

« Et sur qui retombe la responsabilité de toutes ces choses atroces, si ce n'est sur ceux qui détiennent le pouvoir, le déclarant indispensable pour faire « l'éducation du peuple »? Elle retombe sur les prêtres qui enjoignent à leurs fidèles de se prosterner et d'obéir; elle retombe sur les magistrats qui ont fait de la loi une prostituée des grands; elle retombe aussi sur la multitude basse des flatteurs de toute nation qui rampèrent devant l'auguste comédien de L. Haye, lorsque cet homme de meurtre prétendit inaugurer dans le monde l'ère de la réconciliation et de la paix !

« Tolstoï l'Excommunié, qui siège au-dessus de vous tous, dans la majesté de sa noble vieillesse, Tolstoï vous a marqués dans l'histoire d'un jugement définitif. Il nous a dit les crimes, les bassesses, les hontes qui doivent naître de votre gouvernement, de tous les gouvernements, et avec lui, nous vous répétons à tous, prêtres et rois : « C'est de vous que descend, en une cataracte nauséabonde, tout ce fleuve intarissable de fange impériale et de sang. »

MOUVEMENT DES LIVRES EN FRANCE

Les Temps héroïques (1).

Voilà un beau titre de livre ! Tout d'abord nous comprenons qu'il s'agit des temps antérieurs à l'histoire et que le manque de données certaines permet de nous y représenter en imagination des hommes plus grands par le courage et par les hauts faits, mieux servis par la destinée que notre pauvre humanité contemporaine. La perspective des âges lointains nous montre ces hommes inconnus comme des demi-dieux et des héros, des Hercules qui aménagèrent le monde afin que les peuples actuels puissent y trouver le pain.

Mais tout héroïsme n'a pas disparu : il en reste encore sur la terre et c'est bien à notre auteur que l'on peut appliquer le mot « héroïque » en lisant son gros volume de 860 pages, toutes remplies de citations en diverses langues, recueillies pendant vingt années de labeur ! Cette œuvre est une mine que l'on peut creuser dans tous les sens, sûr d'y trouver des veines de précieux métal. Peut-être y rencontre-t-on aussi des amas de cendres inutiles ; l'auteur ne prétend pas que tout soit or dans ses galeries profondes.

La thèse principale de ce grand ouvrage me paraît être que la civilisation des peuples barbares de l'Europe, et tout spécialement de nos aïeux, eut pour centre d'expansion le foyer de culture de la Dravidie, c'est-à-dire de l'Inde méridionale.

Au simple examen géographique de la contrée et même sans qu'il soit nécessaire d'avoir étudié le développement historique des peuples de la Péninsule, on reconnaît aussitôt que le grand triangle de terres ayant pour limite septentrionale les monts Vindhya constitue un ensemble de terres admirablement disposé pour la prospérité de ses habitants et leurs progrès de toute nature. Grâce à la vente de ses produits, à ses ports naturels, aux îles et aux îlots qui frangent le littoral, à la grande île qui se rattache par un pont de rochers à la masse péninsulaire ; grâce aux facilités de la navigation côtière et hauturière, cette contrée était largement privilégiée, et même ces avantages avaient dû lui permettre de distancer les régions plus massives de l'Inde septentrionale. L'alternance des moussons, réglant d'avance le va-et-vient du commerce entre les côtes du Malabar et celles de l'Arabie et de l'Afrique, sollicitait les riverains de la mer des Indes aux découvertes lointaines, aux visites de peuple à peuple.

(I) *Les temps héroïques*, par ANDRÉ DE PANIAGUA (Leroux 1902).

aux échanges réguliers de denrées et de marchandises. Le rythme
des vents scandait les allées et venues des trafiquants, promettant
aux équipages de les ramener dans la patrie après un certain nombre
de semaines ou de mois : on n'avait qu'à se laisser porter par le flot,
en calculant chaque jour les probabilités du voyage. Ce phénomène
régulier du renversement des vents devait être, dès les premiers âges
de l'humanité, le phénomène le mieux connu de tous les habitants du
littoral : leur genre de vie, leurs mœurs et même leurs mouvements
et leurs actes en dépendaient. Un fait aussi dominateur que celui des
« saisons » ou moussons (maussim), ayant chacune son courant at-
mosphérique distinct, ne pouvait échapper à aucun de ceux qui vi-
vaient conformément à ce rythme de la nature, et la découverte
d'Hippale, relative à la libre navigation du large sous le souffle des
moussons alternantes, ne fut une découverte que pour les Grecs, habitués aux voyages dans la Méditerranée, que parcourent des vents
capricieux, inconstants.

A des Arabes ou des Somal, venus de terres arides, limitrophes
du désert, combien devaient sembler admirables ces beaux rivages
du Konkan et du Malabar, avec leurs villes blanches entrevues dans
la verdure épaisse des manguiers, au-dessous des palmes épanouies !
Aussi en racontaient-ils les merveilles avec enthousiasme. Grâce à
eux le seul nom de l'Inde suffisait pour évoquer dans l'esprit de leurs
auditeurs tout un monde de prodiges ; pour tous les Occidentaux ce
mot était synonyme des trésors infinis provenant de la nature et de
l'art : or, perles, ivoires, diamants, riches parures de plumes et de
coquillages, fines étoffes de coton, de laine et de soie. En outre, on
attribuait aux magiciens de l'Inde le pouvoir de créer par leurs in-
cantations des richesses bien plus étonnantes encore. Alors la péninsule indienne avait toute la grandeur et la poésie que le mystère
ajoute à une réalité splendide : tout ce que l'on savait et tout ce qu'on
imaginait de l'admirable contrée entretenait de prestigieux récits, et
les fables grossissaient à l'infini les prodiges racontés de peuple en
peuple sur les chemins de l'histoire : il semblait que l'Inde fût un im-
mense paradis.

Plus étonnante encore que la Péninsule devait apparaître aux ma-
rins la terre de Ceylan, la grande île qui résume la Dravidie par la
beauté de ses formes : c'est une deuxième Inde, déjà très étendue,
mais présentant en raccourci toutes les splendeurs de la terre voi-
sine. Le fier massif de montagnes qui la domine au sud ressemble
aux groupes de monts presque insulaires du midi de la Péninsule,
mais il est devenu de beaucoup le plus fameux, grâce à l'un de ses
pitons, non le plus élevé, qui porte sur le rocher de la cime, au milieu des bouquets de hauts rhododendrons, l'empreinte d'un pied,
celui d'Adam, le premier homme, disent les chrétiens et les maho-
métans, celui de Bouddha ou d'un dieu, disent les gens des anciens
cultes. Non seulement chez les dévots, mais aussi chez les adorateurs
de la fortune, le pic est devenu célèbre à cause de sa richesse en

pierres précieuses, grenats, saphirs, topazes et rubis ; au sud de la montagne, la plage de Ratnapura ou « ville des rubis » est formée de la poussière des gemmes brisées par le flot. Vers le nord de l'île, la colline au pied de laquelle s'étendait la cité capitale d'Anaradjapura portait jadis un temple, dit la légende, que terminait une escarboucle couleur de feu, illuminant le ciel comme un phare. D'autres récits nous parlent d'un prodigieux aimant vers lequel les navires étaient attirés de force à travers les vagues de l'Océan : cet aimant c'est l'île même, l'admirable terre des cristaux et des perles.

Mais la beauté de Ceylan lui vient surtout de sa végétation merveilleuse, comparable à celle de Java et de Bornéo. Un des sites les plus admirables et des plus admirés du monde est le jardin touffu de 200 kilomètres en longueur, qui se déploie sur la courbe sud-occidentale de l'île entre Colombo la capitale, et Matara la ville située à l'extrémité terminale de Ceylan. Des milliers de cocotiers élèvent leurs hampes au-dessus des plantes basses, odorantes et fleuries ; d'autres palmiers contrastent avec eux, entremêlant leurs feuilles, et parmi eux le merveilleux talipot, dont la fleur, que l'on vient admirer de tous les alentours, développa soudain à la cinquantième année de la plante, son thyrse de 10 à 12 mètres de long, contenant plusieurs millions de florules. Et combien d'autres fleurs qui sont à peine moins belles ! Que de branches et de lianes entrelacées, à travers lesquelles on aperçoit les pentes bleuâtres des montagnes ! Que de fruits délicieux font ployer les tiges et les rameaux offrant la nourriture aux hommes vêtus de longues robes qui cheminent lentement dans les allées et s'entretiennent avec grâce. La nature est admirable et les hommes qui l'habitent paraissent lui ressembler. « Nulle contrée du monde ne donne une impression plus profonde de bonheur », nous dit Hæckel, et nulle, ainsi qu'en témoignent les légendes antiques, n'exerça plus grande attraction sur les visiteurs étrangers. Aussi l'île de Ceylan prit-elle dès la plus haute antiquité une importance de premier ordre : la population y était d'une extrême densité, attestée par les prodigieuses ruines des cités actuellement recouvertes par la jungle. Dans l'imagination des peuples lointains, éblouis par les récits qu'on leur faisait de la merveilleuse terre, l'île de Taprobane ou Tamraparni « resplendissante comme le cuivre », était considérée comme dix, vingt fois plus grande qu'elle ne l'est en réalité : la carte de Ptolémée nous la montre bien telle qu'on se l'imaginait ; c'était l'Inde par excellence.

Presque tous les types humains se rencontrent dans l'Inde méridionale et dans l'île de Ceylan : tels indigènes ressemblent à des nègres, à des Australiens, à des Malais, à des Juifs : du noir au blanc on observe toutes les nuances de la peau. Mais la très grande masse de la population se compose de nations parentes les unes des autres auxquelles on a donné le nom de Dravidiens ou Draviriens. Aux temps de la préhistoire hindoue, ils étaient déjà établis depuis longtemps dans les provinces du Sud, entourant comme une mer les îlots des Kohlariens et autres vaincus. Il est probable qu'avant les invasions aryennes les Dravidiens les plus puissants furent ceux dont les descendants parlent le « telugu, « l'italien de l'Inde », dans le Maisur et le Coromandel, et qui possèdent la plus riche littérature de l'Inde méridionale en chansons, en contes, en proverbes : ce sont ceux auxquels les missionnaires catholiques donnèrent dans les premiers temps le nom collectif de Gentoux, comme s'ils étaient les « gentils » ou païens par excellence. L'étude de leur langue a prouvé aux historiens que bien avant l'action modificatrice du sanscrit, le telugu possédait un vocabulaire très riche en termes relatifs aux industries. Fort policés déjà, les Dravidiens savaient tourner et cuire les pots d'argile, filer, tisser et teindre les étoffes, construire des barques et même des navires pontés, employer les métaux, à l'exception de l'étain, du zinc et du plomb, bâtir des citadelles et des temples, tracer des caractères sur les feuilles de palmiers (Jules Vinson).

Devenus supérieurs aux peuples voisins par la civilisation, la richesse, l'abondance et la variété des produits de consommation, disposant en outre de facilités commerciales tout à fait exceptionnelles, les peuples dravidiens devaient épancher au dehors le trop plein de leur activité. Leurs missionnaires industriels ou religieux, et leurs marchands se répandaient de par le monde, de même que de nos jours les représentants de la culture européenne s'établissent dans toutes les parties de la terre habitable. Il ne s'agit point ici de conquêtes ni de migrations en masse : l'influence réelle d'une nation se révèle suffisamment par ses libres voyageurs qui portent en divers pays les produits, les idées de leur propre contrée et qui renouvellent ainsi l'avoir de l'humanité, aident à son développement industriel et moral. Ce mouvement d'expansion se fait actuellement en grand des pays civilisés d'Europe et d'Amérique vers le reste du monde et finira par recouvrir la terre comme une nappe d'eau diluviale cherchant partout son niveau. Mais aux « temps héroïques » l'Inde méridionale était peut-être la seule grande région d'épanchement civilisateur, et c'est vers elle que le chercheur est ramené par la pensée quand il remonte le courant de l'histoire et de la préhistoire.

M. de Paniagua nous présente dans son ouvrage un glossaire des langues dravidiennes où tous les hommes d'étude non prévenus trouveront d'amples preuves de l'influence exercée sur le monde européen par les dialectes de la civilisation antique dont le telegu, le sanscrit, le malayalam et le canarais sont les héritiers directs. Nous nous demandons seulement si M. de Paniagua n'a pas exagéré sans le vouloir le rôle des « prêtres » et « bateleurs » dravidiens qui prirent part au mouvement ethnique de migration. Sons doute, les prêtres avaient le même intérêt à voyager que les autres représentants de la nation et ils durent avoir aussi leurs missionnaires, mais dans les sociétés actives et vivantes ils ne constituent qu'une proportion très inférieure à celle des gens de travail. Ce sont des parasites, et comme tels ils ne pullulent que sur les organismes malades ou mourants.

Certes nos sociétés modernes de l'Europe occidentale envoient également par millliers leurs prêtres et pasteurs, et récemment on les vit participier gaillardement au pillage de Péking et aux massacres de Boxeurs, mais le grand exode des migrateurs comprend surtout des colons, des industriels, des commerçants, des naturalistes : ceux-ci sont les seuls dont l'action se reproduise en actions nouvelles, en civilisation progressive, tandis que l'œuvre des missionnaires, œuvre de mort s'il en fut, consiste surtout à restreindre l'activité, à endormir la pensée. Les prêtres dravidiens, ainsi que nous le montre M. de Paniagua, furent avant tout des chamanes, des nât, des corybantes, des jongleurs ; on les suit à la trace dans toutes les religions du Nord et de l'Occident ; mais la belle part d'influence dravidienne est celle que nous devons aux travailleurs. Actuellement encore, les Tziganes errant en Europe pour exercer leurs métiers d'étameurs, de chaudronniers, de montreurs d'ours et de maquignons, que sont-ils sinon des Dravidiens, coupés depuis des siècles de leurs relations avec la mère patrie ? Mais la Dravidie envoie toujours en Afrique ses marchands banyans, les navires de l'Inde arrivent en Europe avec leurs matelots lascars, et l'Indo-Chine, les îles et presqu'îles malaises se peuplent de colons khing ou kalinga venus de la Dravidie par dizaines et par centaines de milliers.

Outre cette question majeure, la pénétration des influences dravidiennes dans le monde occidental, l'auteur des *Temps Héroïques* traite beaucoup d'autres problèmes, qu'il résout d'une manière originale. Il s'occupe de la religion des dolmens, des menhirs et des alignements lithiques ; il nous parle de la hache, symbole de la divinité, et des prétendus « bâtons du commandement », qui sont des crosses augurales, des baguettes de magiciens ; enfin, il nous donne des mythes grecs et bibliques des explications nouvelles fort curieuses, mais nous ne nous attarderons point à le suivre dans ces études, auxquelles nous renvoyons le patient lecteur. En refermant ce livre, nous éprouvons un peu la sensation du voyageur qui vient de traverser la forêt vierge : heureux de s'être frayé courageusement la route dans cette multitude infinie des arbres, il l'embrasse d'un regard d'orgueil et se promet d'y rentrer un jour après avoir fait de nouveau provision d'air frais et de lumière dans le monde des vivants.

Elisée Reclus.

La riforma in Germania. *

Prof. Eliseo Réclus
attualmente Direttore dell'Istituto Geografico di Bruxelles (Université Nouvelle).

LA DIVISIONE della Germania in numerosi stati, dall'equilibrio instabile, favorì il movimento della Riforma, che d'altra parte trovava in quella regione centrale dell'Europa il suo ambiente naturale. Ivi la nuova religione prese il nome generale di « protestantesimo, » che si riferì anche all'insieme delle sètte derivate, persino a comunità che per il loro dogma si sono separate dal cristianesimo; ivi ebbe luogo il grosso della battaglia, così dal punto di vista della polemica, come dal punto di vista materiale, la quantità del sangue sparso: in nessun luogo il conflitto doveva apportare disastri maggiori.

Ma al principio della Riforma, la cui importanza politica non si prevedeva ancora, giacchè il papa Leone X, un pagano del Rinascimento, vi scorgeva

* Da un'opera in preparazione.

soltanto una « disputa di monaci », la separazione dei culti si fece senza alcun rumore, tranne quello delle parole scambiate. Certamente, Carlo V, il nipote dei sovrani cattolici, Ferdinando ed Isabella, avrebbe volentieri schiacciato nell'uovo il mondo nascente dello scisma, ma, come Francesco I, dovette adattarsi alle circostanze ; sebbene egli fosse imperatore, non lo era che in grazia dei suoi potenti elettori, e la grande arte consisteva nell'opporli saggiamente gli uni agli altri, per guadagnare tempo e consolidare il suo potere.

L'elettore di Sassonia, Federico il Savio, il personaggio stesso al quale Carlo doveva la corona imperiale, era anche il protettore di Lutero, e quando costui, mandato davanti la dieta di Worms, si mostrò energico anche alla presenza dell'imperatore, era accompagnato da cento cavalieri armati. La forza opposta alla forza ! Questa fu la ragione che permise a Lutero di sfuggire alla sorte di Giovanni Huss, ma, per focoso ed audace che fosse il monaco ribelle e per numerosi che fossero i suoi potenti amici, per proteggerlo contro l'ira dell'imperatore e del papa, egli non era però meno esposto a grandi pericoli, e Federico gli rese il servizio di sottrarlo agli effetti del bando dall'impero, chiudendolo per un anno nella fortezza di Wartburg, in Turingia, grandiosa prigione d'onde lanciò i suoi gridi di guerra contro Roma e le sue diatribe violente e satiriche contro tutti i suoi nemici : ivi cominciò anche quella bella traduzione della Bibbia nel dialetto Sassone dell'alto tedesco, la quale, più di tutte le opere analoghe, numerose in quell'epoca, fu accolta dai fedeli, diventando così come un idioma sacro, che stabilì in modo definitivo la lingua tedesca scritta. Quando egli uscì dalla sua alta residenza, che era stata per lui quasi un Sinai, un monte Tabor, possedeva ormai l'aureola della potenza e della gloria, il suo prestigio lo difese contro Carlo V. Il culto luterano si stabiliva quale s'è conservato ai nostri giorni.

Naturalmente Lutero avrebbe voluto fermare la Riforma e ogni progresso umano nel suo insieme all'opera che aveva compiuta : l'abolizione di quanto nella chiesa cattolica gli sembrava all'infuori dell'insegnamento diretto della scrittura, intercessione dei santi, confessione auricolare, celibato dei preti ; ma non aveva l'arte di eccitare i liberi spiriti del pensiero e della rivolta; non poteva fermare il corso di quel fiume straripato a cui aveva tolto gli argini. Ora le ribellioni erano tanto più inevitabili in quanto che il mondo dei contadini era divenuto più infelice dacchè la società borghese aveva cominciato a sostituirsi al regime feudale. L'esistenza dell'agricoltore, già così difficile a sopportarsi, s'era fatta più intollerabile ancora, e li spingeva alla rivoluzione col ricordo di un passato meno cattivo, paragonato coll'infame servaggio che diveniva la regola. Un nuovo strumento di sapiente oppressione si trovava nelle mani dei potenti, grazie alla sostituzione graduale dell'aspro diritto romano agli antichi diritti consacrati dall'uso (1). La servitù, che era stata in gran parte abolita durante la spinta di libertà che si fece sentire alla fine del medio evo, ridiventò la legge a cominciare dalla Riforma, almeno in Germania Alla metà del secolo XV, essa non esisteva quasi più che presso i contadini slavi dell'antica Pomerania, nei paesi asserviti dai cavalieri Teutonici. La legge sveva, che prevaleva allora in tutta la Germania, lo diceva espressamente : Un uomo non

---

(1) Richard Heath, *Anabaptism*, p. 9.

deve appartenere ad un altro uomo (1)». Le diminuzioni dei salari, imposte ai servitori ad ai mandriani tedeschi dalle ordinanze legali, in modo da ristabilire praticamente la schiavitù, datano tutte dalla metà del secolo XVI, alla stessa epoca, cioè dopo lo stabilimento della « Riforma », i coloni si vedono costretti a lasciare i loro figli servire presso i signori, sia gratuitamente, sia in cambio di paghe fittizie e derisorie.

La resistenza al potere dello stato, dei signori e dei borghesi urbani non aveva cessato di prodursi in diversi luoghi, ma tutte queste rivolte parziali, vago rudimento di rivoluzione sociale, dovevano naturalmente assumere una forma religiosa, senza della quale non si immaginava ancora l'esistenza possibile della società. Tutti i tentativi di trasformazione, che precedevano questo carattere ingenuo della fiducia in Dio e nei Santi, implicavano perciò in principio anche la fatalità della sconfitta, perchè le potenze dell'alto hanno sempre degli interpreti che partecipano dell'infallibilità, per conseguenza del potere celeste, e questi interpreti sono sempre indotti ad usare male della loro essenza divina.

Nella lunga serie delle insurrezioni agrarie che si succedettero in Germania, ci si ricorda sopratutto quella del Pfeiferx-hauslein o di Jeaunot Flûteux, a cui nel 1476 era comparsa davanti la madre di Dio, a Nielashausen, nel Würtember, ingiungendogli di annunciare la fraternità di tutti gli uomini, l'abolizione di ogni autorità temporale o spirituale, il dovere per ogni uomo di guadagnarsi il pane col lavoro; ma, appena arrestato, fu decapitato fra le grasse risate di quella folla che avrebbe voluto render libera. Poco tempo dopo, i signori dovettero fare nuove uccisioni di contadini nella bassa Germania del nord-ovest.

Degli infelici rovinati dalle fatiche e dalle imposte erano insorti prendendo per simbolo « il pane e formaggio, » modesta domanda, poichè quello era tutto ciò di cui abbisognavano per vivere : da ciò il nome di « Käse-Bröder » sotto il quale sono conosciuti nella storia. Fu una occasione per la nobiltà ed il clero per accrescere i loro privilegi, non solo riconducendo alla servitù i Käse-Bröder risparmiati dal carnefice, ma anche privando i lavoratori olandesi e i Frisoni di tutte le franchigie tradizionali che il circuito delle paludi del littorale aveva loro assicurate fino a quel tempo. Fu un grande trionfo del feudalismo, negli ultimi anni del secolo XV.

Nei decenni che seguirono, il sangue dei contadini fu sparso ancora più copiosamente. Una sommossa più seria delle precedenti e meno ingombrata da simboli religiosi si propagò rapidamente dall'Alsazia e dalla Svevia nelle regioni vicine. I contadini ribelli avevano preso come insegna lo scarpone dell'agricoltore, in contrapposizione allo stivale munito di sperone del gentiluomo e questo *Bundschuh* o « Stivale dell'Alleanza » fece spesso tremare la nobiltà ed il clero, tutti i corpi parassiti della società del tempo. Si temeva sopratutto che si formasse una lega politica tra i contadini insorti nella Germania e i loro vicini Svizzeri, che si erano già liberati dai feudatari e si trovavano in lotta coi borghesi delle città. In varie occasioni si videro realmente i montanari svizzeri unirsi coi contadini svevi, ma l'alleanza non fu duratura, poichè gli uomini del vincastro e dell'aratro avevano già preso l'abitudine di vendersi

---

(1) I, Jausseus, p. 267.

PAGINATION DECALEE

per indossare l'armatura guerresca. I feudatari combatterono i contadini ribelli, scagliando contro di loro altri contadini, dei « lanzichenecchi », che avevano diritto di furto, di rapina e di assassinio.

D'altra parte i contadini, anche levandosi contro i loro padroni erano ancora così dolci, così umili, così rispettosi verso gli antichi privilegi, così desiderosi di fare nuovamente la pace, che la loro mancanza di audacia li condannava anticipatamente alla sconfitta. Come diceva uno dei loro ritornelli « non potevano staccarsi nè dai preti nè dai nobili », tanto che per tutta la durata della guerra, usavano affidare la direzione dei loro affari non a dei contadini come loro, ma a cavalieri, quasi tutti futuri traditori. Come erano modesti i reclami contenuti nei « dodici articoli » che la nobiltà di quel tempo accolse con tanto furore!

« Ciascun comune deve avere il diritto di scegliersi un pastore e di destituirlo in caso di indegnità.

« Ciascun comune deve pagare la decima prescritta dall'Antico Testamento ma non ne deve pagare altra.

« La servitù è abolita, poichè non ha ragione d'essere, data la redenzione dell'uomo da parte di Gesù Cristo, ma la libertà cristiana non impedisce di obbedire all'autorità legittima.

« La selvaggina, gli uccelli, i pesci d'acqua dolce appartengono a tutti.

« La proprietà delle foreste ritorna dai feudatari al comune.

« La prestazione gratuita non è permessa, giacchè bisogna conformarsi agli usi dei tempi.

« I feudatari non possono esigere dai contadini che i servizi stabiliti per contratto; per ogni aumento di lavoro, bisogna dar lor la dovuta ricompensa.

« Quando i beni sono così sopraccarichi di imposte, che il lavoro non rende nulla al coltivatore, il prezzo del fitto deve essere ridotto coll'arbitrato di uomini degni di stima.

« Le ammende giudiziarie non devono essere arbitrariamente accresciute, ma bisogna seguire le antiche costumanze.

« Chi si è impadronito ingiustamente dei beni comunali deve restituirli.

« L'imposta che si chiama *caso della morte* deve sopprimersi come furto odioso alle vedove ed agli orfani.

« Noi ritiriamo uno qualunque degli articoli precedenti se ci si prova che esso è in contraddizione collo spirito della santa Scrittura, ma ci riserviamo di estenderlo, se ciò ci sembra conforme alla Scrittura ed alla verità ».

Tali erano le giuste, ma insufficenti rivendicazioni dei contadini *fratelli*, e se i riformatori avessero avuto verso di loro il minimo sentimento d'equità, avrebbero dovuto far causa comune con essi invece di prendere per alleati i signori ed i conti palatini. Ma davanti a questi infelici che esponevano con tanta moderazione le loro doglianze si può constatare quanto pochi punti di contatto la nuova religione, chiedendo per sè la libertà di interpretare la Bibbia, avesse coll'idea della libertà in sè, e quanto invece cercasse di schierarsi dalla parte dei forti contro i deboli, dei ricchi contro i poveri. Lutero, fuori di sè alla vista del leone popolare che i suoi nemici l'accusavano di avere scatenato, mise tutta la sua eloquenza, tutto il suo furore a servizio dei principi feudali per ricondurre la folle al servaggio tradizionale. « Se io potessi prenderne la responsabilità davanti alla mia coscienza, darei piuttosto il mio consiglio e la mia opera acciocché il papa, con tutte le sue abbominàzioni, ritornasse nostro padrone; perchè così deve reggersi il mondo; con leggi severe e superstizioni » (1). Ma ciò che Lutero non osò fare rivolgendosi al papa che aveva rinnegato, lo fece invocando i principi che aveva associato nella sua ribellione contro la Chiesa, e lo fece in termini atroci: « Come i guidatori d'asini, che devono rimanere continuamente sul dorso delle loro bestie, senza di che esse non camminano, così il sovrano deve spingere, percuotere, strangolare, impiccare, bruciare, decapitare, mettere sulla ruota il popolo, *Herr Omnes*, per esserne temuto e per tenerlo nel dovere ». Ed i consigli del « riformatore » furono letteralmente seguiti.

Subito da principio, quando i contadini di Waldshut, vicino alla frontiera Svizzera, spiegando la bandiera nera, rossa e dorata, il 24 agosto 1524, ebbero deciso di fondare la « fratellanza evangelica » dei contadini, di intimare « guerra ai castelli, ai conventi ed ai preti », e di lottare senza riposo fino alla liberazione di tutti i fratelli asserviti dell'impero, il terrore era stato generale nel mondo dei feudatari. Parecchi fra loro avevano chiesto grazia, implorando il favore d'essere ricevuti tra i *fratelli*, numerose città s'erano alleate ai contadini confederati; costoro avevano anche ottenuto delle vittorie in battaglia campale contro i cavalieri ed i loro mercenari. Ma quando si accorsero che i contadini non osavano trar profitto dai loro successi, e si proclamavano sempre leali e fedeli sudditi dell'imperatore, si riprese coraggio ed il furore fu accresciuto di tutta la paura provata. La repressione fu terribile, e assassinii e torture non sarebbero cessati, se non fossero stati necessari agli stessi signori i servi, i valetti ed i soldati. Ciò gli amici fecero notare a Casimiro di Brandeburgo, quando aveva già ucciso a sangue freddo cinquecento infelici: « Ma se dobbiamo uccidere tutti i nostri uomini, dove troveremo altri contadini per vivere del loro lavoro? » si contentarono di farne morire circa centocinquantamila!

Tuttavia la logica degli avvenimenti spingeva verso una libertà pratica assoluta gli uomini ai quali il protestantesimo aveva concesso suo malgrado la libertà d'esame. Fra coloro che avevano aperto la Bibbia, alcuni avevano l'ambizione di ristabilire la Chiesa dei primi giorni, che aveva messo in comune tutti i beni della terra per non doversi occupare che della salute eterna. Gli « anabattisti » delle città olandesi e del Nord-Ovest della Germania, riformati che vedevano nel battesimo degli adulti un atto simbolico di convinzione personale e di convinzioni attive, erano tra coloro che fin dalla vita presente volevano far discendere il cielo sulla terra e sopprimere questi odii d'interesse che fanno nascere il tuo ed il mio fra gli uomini. Ma per ciò occorreva loro uscire da ogni società ufficiale, misconoscere tutti i padroni ed i loro decreti. Malgrado il ricordo dei recenti massacri dei contadini, quei comunisti osarono aggrupparsi in società indipendenti. Dal 1533, la città di Münster, in Vestfalia, diventò un comune in cui tutte le antiche leggi furono abolite. Tutto l'oro, tutti i gioielli, anche le ricche stoffe si portarono al tesoro pubblico. Le case dei borghesi e dei nobili fuggitivi diventarono le abitazioni dei cittadini poveri, mentre gli stranieri, accorsi per godere della bella uguaglianza nella città libera, si erano domiciliati

---

(1) Citato da Hartmann *Religione dell'avvenire*.

nelle chiese. Ognuno continuava a lavorare per l'opera alla quale si sentiva adatto e riceveva a questo scopo le materie prime. I pranzi erano pubblici; ciascuno doveva cercare di non tagliare più pane di quanto glie ne occorresse. Una società simile avrebbe dato un esempio troppo pericoloso per potere essere tollerata, ed i principi protestanti della bassa Germania, uniti al vescovo titolare della città, la ripresero d'assalto (1535), uccidendone i difensori. Il corpo di Giovanni da Leida, il re della « Nuova Sion », restò a lungo esposto in una gabbia di ferro sospesa alla torre della cattedrale.

La furia distruttrice fu tale che si sfogò contro tutti i documenti che raccontavano la vita degli anabattisti e gli avvenimenti a cui presero parte: avrebbero voluto distruggere perfino il ricordo della loro esistenza. Così la setta religiosa, che, al di fuori d'ogni ambizione politica o sociale, non cercava, che di conservare l'insegnamento dogmatico ed il nome d'origine, dovette farsi umilissima per ottenere il diritto di manifestarsi in margine della società protestante distinguendosi fra tutte le comunità per il suo rispetto per l'ordine costituito. I Mennoniti, che passarono dall'Olanda in Germania, quindi in Russia, e che tre secoli dopo dovevano ancora fuggire al Canadà, agli Stati Uniti, nella Repubblica Argentina, custodirono sopratutto, come per eredità, lo stretto obbligo di cercare la pace, d'evitare ogni violenza, d'esecrare le armi, mentre i « fratelli Moravi », discendenti da altri perseguitati, riuscirono a salvare le pratiche della fratellanza delle comunità.

ELISEO RECLUS.

(*Da Les Temps Nouveaux*)
(Rue Broca, 4, Paris V.)

La leggenda dei popoli

SECONDO un mito del vetusto Oriente, che è la patria dei popoli più civili della terra, gli antenati leggendari delle tre principali stirpi del mondo antico, accanto ad una fontana del deserto cessarono di sentirsi fratelli, anzi divennero nemici. Tutti e tre spossati dal cammino attraverso le sabbie, stavano per morire di caldo e di sete. Pieni di gioia alla vista della sorgente si slanciano per immergervisi. Il più giovine, che si gettò per il primo, ne uscì come rinnovato : la sua pelle, che prima di toccare l'acqua era nera al pari di quella de' fratelli, aveva preso un colore bianco rosa, e dei capegli biondi scendevano sulle spalle. Ma già l'acqua era per metà consumata, l'altro fratello non potè immergervisi che in parte, però si cacciò nella sabbia umida, e là sua pelle si tinse di una tinta dorata. L'ultimo venuto si gettò egli pure nella vasca; ma non vi rimaneva più nemmanco una stilla. Lo sfortunato cerca invano di bere, di inumidire il corpo : solo la pianta del piede e il palmo della mano, stropicciati nella sabbia, s' inumidirono un poco, ciò che valse a renderne la tinta meno nera.

Questa leggenda, relativa alle schiatte che popolarono i tre continenti conosciuti dagli antichi, accenna per avventura sotto il velo del mito alle principali cause della prosperità dei popoli. Le nazioni dell'Europa divennero più morali, più intelligenti, più felici, non perchè avessero una nativa superiorità rispetto alle altre stirpi, ma perchè fruivano di una maggiore ricchezza di fonti e di fiumi, e perchè i loro bacini fluviali sono più felicemente distribuiti. L'Asia, che pure novera molti popoli d'origine arya come le principali nazioni dell'Europa, popoli che figurano da maggior tempo sulla scena del mondo, ha fatto molto meno per la civiltà, ha lottato molto meno contro la natura, perchè è meno facilmente irrigata, e vasti deserti si interpongono tra le sue fertili mesopotamie e le ridendi sue oasi. L'Africa poi, continente in tante cose sfavorito dalla natura, e che presenta una larga zona o cintura di deserti, monti e altopiani di coste, pianure arse dal sole, maremme insalubri, fu per lungo tempo una terra diseredata anche a motivo della relativa scarsezza o meno felice distribuzione delle sue fonti e de' suoi fiumi. Ma, a dispetto degli odî e delle guerre, che durano pur troppo ancora, i popoli si sentono più che mai solidari fra loro, imparano di giorno in giorno a mettere insieme le loro cognizioni e i loro prodotti, per formare del bene comune una comune gloria e ricchezza: mercè la scienza e l'industria, che rapidamente si diffondono, sanno ora far zampillare dell'acqua là ove i nostri antenati non avrebbero saputo, non che trovarla, pensarla; e sanno anche mettere in comunicazione i bacini fluviali troppo fra loro discosti. I tre venerandi padri si sono separati con odio dalla fontana della discordia; ma, aggiunge opportunamente la leggenda, si ritroveranno un giorno presso la sorgente dell' eguaglianza, e da quel giorno rimarranno fratelli.

ELISEO RÉCLUS.

30

Les Annales
de la Jeunesse Laïque

ADMINISTRATION
ET RÉDACTION
19, rue de Savoie, Paris (VIᵉ)

Directeur : **Georges ETBER**

REVUE MENSUELLE

Numéro 2

Juillet 1902.

En raison de l'importance qu'a prise dès son apparition notre Revue, nous nous sommes vus obligés d'agrandir nos bureaux. *A partir du 15 juillet,* ils seront transférés 7, rue de l'Eperon (près le boulevard St-Germain), Paris VIᵉ.

A la Jeunesse Laïque

Bruxelles, 20 juin 1902.

Monsieur,

Vous me demandez une « grande » lettre à la Jeunesse Laïque. Permettez-moi de vous en envoyer une toute « petite ». La longueur des phrases ne fait rien à l'affaire.

Si je le comprends bien, le titre de « laïque » pris par votre association de jeunes vous impose de grands devoirs. Vous aurez à renier absolument l'esprit catholique, c'est-à-dire l'esprit d'intolérance et d'excommunication. Vous n'aurez jamais recours ni à droit divin, ni à raison de salut public, ni à décision majoritaire. Vous respecterez tout droit individuel, toute volonté isolée, tout penser original, dussent-ils se produire en dehors des églises ou des écoles, sans formule convenue, sans mot d'ordre ni sanction de parti. Vous verrez dans les jacobins et les sectaires autant de catholiques inconscients. Vous ne croirez à une vérité qu'après l'avoir étudiée personnellement, qu'après l'avoir pesée, critiquée, éprouvée, incorporée à votre intelligence des choses et à votre conscience intime. Hommes vraiment indépendants, vous serez guéris des individus et n'accorderez à qui que ce soit le privilège de l'ambition, du pouvoir, de la richesse. Vous ne reconnaîtrez que des égaux virtuels, soit parmi les pauvres d'esprit qui se tiennent eux-mêmes pour des inférieurs, soit parmi les superbes, qui se croient grands parce qu'on est à genoux devant eux.

Jeunes Laïques, vous ne vous bornerez pas à défendre votre liberté personnelle, la fière égalité, la science indépendante de tout compromis, vous attaquerez aussi. Vous ne laisserez jamais se propager le mensonge sans clamer la vérité ; vous protesterez contre toute faiblesse, toute lâcheté. Ayez de la pitié, même de la sympathie, mais aucune complaisance. Comprenez tout, mais ne pardonnez rien.

Soyez des hommes, et des hommes toujours jeunes en volonté et en courage, toujours laïques par l'indépendance de la pensée.

Votre dévoué,

ELISÉE RECLUS.

Octobre 1902.

SCIENCES GÉOGRAPHIQUES

GÉOGRAPHIE GÉNÉRALE ET POLITIQUE.

Black Jamaïca. A Study of Evolution, par W.-P. LIVINGSTONE;
vol. in-18, 298 p.; Sampson Low, Londres. — Tandis que de graves
auteurs viennent nous rabâcher des histoires vieilles de cin-
quante ans, ou même d'un siècle complet, au sujet de la prétendue

décadence des esclaves haïtiens, devenus libres, le missionnaire Livingstone, probablement un fils du célèbre voyageur africain, vient nous donner des preuves authentiques, incontestables, des progrès accomplis par les nègres de la Jamaïque : *Une Étude d'Évolution*, tel est le sous-titre qu'il donne à son livre, et qu'il justifie par des statistiques décisives. La culture du sol augmente en d'étonnantes proportions. Les grands domaines qui appartenaient à des planteurs, résidant pour la plupart en Angleterre, ont été divisés en plus de deux cents mille petites propriétés de 4 hectares en moyenne, où les nègres récoltent surtout les « vivres » nécessaires à l'entretien de leurs familles, mais où ils produisent aussi des denrées commerciales, dont l'exportation s'accroît d'année en année. Si le commerce du sucre et du rhum, qui constituait autrefois le monopole exclusif des propriétaires blancs, a considérablement diminué, et même ne représente que la seizième partie du trafic ordinaire, la vente des bananes et autres fruits tropicaux, produits des jardins des nègres, occupe des flottes entières ; l'ensemble des échanges a sextuplé depuis l'abolition de la servitude des noirs. Les anciens maîtres d'esclaves ont débarrassé l'île de leur présence, tandis que les fils et les petits-fils des asservis, maintenant au nombre de 700,000, jouissent du bien-être à l'ombre de leurs cocotiers. Autrefois la vie sociale et politique était absolument centralisée dans la capitale, la « ville du Roi », tandis que, maintenant, des marchés se sont créés dans toutes les parties de l'île, amenant la formation de villages, qui sont autant de petits centres d'attraction ; la montagne s'est peuplée, et des sanatoires s'y élèvent aux endroits les plus beaux et les plus aérés. Plus de la moitié des nègres, hommes et femmes, ont appris à lire et l'importation de livres, de brochures, a pris une extension tout à fait imprévue. Autre progrès qui se mêle partiellement à un regrès qu'entraînent la façon de parlementaire et l'agiotage des élections : le nègre prend part à la vie politique, mais sans grand rôle, parce que les conditions du cens avantagent toujours les riches et ne permettent pas aux prolétaires de combattre à armes égales. Le nègre a, d'ordinaire, plus de zèle religieux, et les missionnaires lui soutirent de l'argent destiné à la conversion des « frères d'Afrique », mais ils n'ont pas eu grand succès pour répandre les pratiques du mariage officiel et régulier, par devant maires en écharpe ou prêtres en surplis ; sur cent ménages, on ne compte en moyenne que deux unions légitimées par la loi. « Puisque vous avez aboli l'esclavage dans l'île, pourquoi voulez-vous le rétablir dans la hutte ? » demandait une négresse à M. Livingstone, et celui-ci eût été sans doute embarrassé pour faire une valable réponse. Les nègres se marient, mais ils ne se laissent pas « pastoriser » dit un proverbe local, et nous les en félicitons de tout cœur.

La grande révolution économique, décrite par M. Livingstone, date du conflit de 1865. Avant cette époque, l'esclavage se continuait sous forme déguisée, et la misère allait croissant : les nègres s'imaginaient et, certainement, ils n'avaient point complètement tort, que les Américains projetaient la conquête de l'île et le rétablissement de l'esclavage ; ils vécurent en de continuelles transes, et sur un point de la colonie, où l'ancien esprit féodal des propriétaires se maintenait encore, se hasardèrent à la résistance ouverte ; un peu de sang européen coula. La répression fut terrible. Les Anglais emprison-nèrent, fusillèrent et pendirent des nègres par centaines ; mais ils avaient eu peur, et, tout en gouvernant par la violence, ils avaient compris qu'il leur faudrait céder sur le fond. La révolte avait produit son effet : les progrès de la population jamaïcaine datent de l'échauf-fourée de 1865. Maintenant, les nègres, conscients de leurs progrès, commencent à désirer l'autonomie complète, et l'on entend déjà çà et là le cri de « la Jamaïque pour les Jamaïcains ».

Elisée RECLUS.

RÉFORME DE LA CHRONOLOGIE

Nous donnons à nos lecteurs le Projet de Réforme de la Chronologie par G. de Mortillet, professeur à l'Ecole d'anthropologie.

« Dans mon cours de 1892-93, à l'Ecole d'anthropologie de Paris, j'ai proposé une réforme de la chronologie actuelle.

« La palethnologie n'employe généralement que la chronologie relative, contemporainéité et succession exacte des phénomènes, des faits et des êtres, et la chronologie similaire basée sur le même état social, le même climat, l'existence des mêmes êtres. Ce n'est que vers la fin du protohistorique que la palethnologie emploie la chronologie absolue, qui au moyen d'un étalon — l'année ou le siècle — estime exactement le temps qui s'est écoulé entre les évènements. Les dates dont le protohistorique peut faire usage, oscillent autour du commencement de notre ère. Le palethnologue est donc, quand il cite une date, obligé d'ajouter toujours *avant* ou *après notre ère*. Cela a le double inconvénient d'allonger le récit et d'occasionner fatalement des confusions.

« A partir d'un moment donné, le point initial de notre ère, la chronologie est descendante, ce qui est tout naturel. Mais avant ce point initial elle se trouve forcément ascendante, ce qui est un grave défaut de méthode. La chronologie est ainsi coupée en deux et se dirige en sens diamétralement opposé avant ou après notre ère.

« Ce défaut de méthode conduit même à une absurdité : le commencement d'une année ou d'un siècle avant notre ère se trouve plus ancien que la fin de la même période, singulière contradiction des plus antiscientifiques.

« Frappés de ces divers et graves inconvénients, Elisée Reclus et moi avons cherché à les faire connaître. Un seul moyen se présentait ; avoir une ère dont le point initial ou de départ soit antérieur à toute date.

« Elisée Reclus, désireux de posséder un point initial scientifiquement déterminé, fait appel à l'astronomie. Il voudrait, ne tenant aucun compte des dates actuelles, remonter par le calcul à un fait astronomique très important, fort ancien, tout à fait préhistorique et créer une ère entièrement nouvelle partant de ce fait.

« Mais existe-t-il un fait astronomique assez important répondant à toutes les exigences de temps et pouvant obtenir sans conteste l'assentiment général ? En tout cas certainement ce point initial ne correspondrait aucunement à nos dates actuelles. Il faudrait donc bouleverser de fond en comble

toute notre chronologie et remplacer tous nos livres par des livres nouveaux !

« Plaçant la réforme de la chronologie plus encore sur le terrain pratique que sur le terrain scientifique, je propose d'adopter un point initial de convention. On peut aussi choisir celui qui conviendrait le mieux. Ce point me semble devoir être **10,000 ans avant notre ère**. Actuellement la date la plus ancienne est celle de Mènes, qui régnait environ 5,000 ans avant notre ère. Entre cette date et le point initial choisi, il y a encore 5,000 ans qui paraissent devoir suffire pour contenir les progrès futurs de l'histoire.

« Avec ces 10,000 ans, rien ne serait changé aux détails des dates de l'ère actuelle, on se contenterait d'ajouter 1,10 ou 100 devant le chiffre en usage. Ainsi, par exemple, l'an 476 date de la chute de l'Empire d'Occident, deviendrait 10476 : l'an 1302 date de la première réunion des Etats-Généraux, 11302, et 1893 tout simplement 11893.

« Quant aux dates avant notre ère, qui sont celles dont le public se sert généralement le moins, il y aurait une petite opération à faire. Il faudrait tout simplement soustraire de 10000 le chiffre actuellement accepté. Ainsi César vint en Gaule l'an 58 avant notre ère, retranchant 58 de 10000 on obtient 8942 comme date d'après l'ère que je propose. Thothmès III, nommé aussi Sésostris, vivait d'après Mariette, 1625 ans avant notre ère; 10000 ans moins 1625 donnent 8335 comme nouvelle date.

« Cette réforme chronologique très logique et fort désirable offrirait, dit-on, les plus grandes difficultés pour son introduction. Erreur, les changements d'ère ont déjà eu lieu plusieurs fois, donc elles ne sont pas si difficiles qu'on veut bien le faire croire. N'avons-nous pas vu pendant une série d'années le Calendrier Républicain fonctionner sans difficulté en France, et pourtant le changement était bien plus complet et radical que celui que je propose. Notre ère actuelle est elle-même un exemple frappant de la facilité avec laquelle s'opère un semblable changement. Elle s'est substituée tout doucement sans vives réclamations à l'ère romaine, l'ère des maîtres du monde, l'ère de ces Romains dont l'influence se fait encore sentir chez nous sous tous les rapports. Ce qu'elle a pu faire à l'égard de l'ère Romaine, pourquoi une autre ère plus rationnelle ne la ferait-elle pas également à son égard, d'autant qu'il y aurait amélioration et progrès réel?

« Nos dates actuelles, au lieu de quatre chiffres en auraient cinq, ce qui serait beaucoup trop long, dit-on. Si c'est trop long pour l'emploi usuel on abrégerait. Ne le fait-on pas déjà? Ne dit-on pas et n'écrit-on pas 93 au lieu de 1893? On n'aurait qu'à continuer, seulement 93, au lieu de signifier 1893 remplacerait 11893. Il n'y a vraiment pas là un motif à enrayer le progrès ! »

G. DE MORTILLET.

RECLUS (Jean-Jacques-Elisée).
-Articles et comptes-rendus : 1900-1902 / publiés par Elisée Reclus.-S.l.,s.d.
-39 p. ; 24 cm.   8°Z. 19951
Dossier de coupures de revues,rassemblées par Mme Louise Reclus-Dumesnil,soeur
de l'auteur.-Don 154955.

p.3   [1]: "Les Lois de la population et leur application à la Belgique",par G.Cau-
           derlier,Paris,1900 : compte-rendu.- 1 p.
           Extr. de :"L'Humanité nouvelle",XII.1900

p.5-9   [2]: Préface[à "Pour la vie",par Alexandra Myrial,Bruxelles,1901].-P.5-7.
p.11   [3]: Lettre impr. du 2 juin 1901 sur les affamés de la Pouille.- 1 p.
           [4]: L'Avenir de l'Afrique du Sud : suite de l'enquête de notre collaborateur
p.13   Ludovic Naudeau,lettre d'Elisée Reclus.-1 p.
           Extr. de:"Le Journal",Paris,14.III.1902.
p.15   [5]: L'Anarchiste.-1 p.
           Extr. de : "Almanach anarchiste" pour 1902,Paris.
p.17   [6]: Sentiments des professeurs de l'Europe sur les troubles universitaires de
           Russie,1902.-1 p.
           [7]:"Les Temps héroïques",par André de Paniagua,Paris,1902 : compte-rendu.-P.
p.19-23   353-357.
           Extr. de : "La Revue",Paris,1er mai 1902.
p.25-28   [8]: La Riforma in Germania.-P.19-24 : portrait.
           Extr. de : "L'Università popolare",Mantova,1er mai 1902.
p.29   [9]: La Leggenda dei popoli .-1 p.
           Extr. de : "L'Università popolare",Mantova,anno II,n° 19,1902.
           [10]: A la jeunesse laïque : lettre impr. datée de Bruxelles,20 juin 1902.-
           1 p.
p.31   Extr. de : "Les Annales de la jeunesse laïque",revue mensuelle,Paris,
           n° 2,juillet 1902.
           [11]: "Black Jamaica" ,a study of evolution,by W.P.Livingstone,London,1899 :
p.34-36   compte-rendu.-P.16-18.
           Extr. de :L"Humanité nouvelle",oct.1902.
p.37-39   [12]: Réforme de la chronologie / par G. de Mortillet.-1892-1893.-P.212-213.

www.ingramcontent.com/pod-product-compliance
Lightning Source LLC
LaVergne TN
LVHW050114060726
842524LV00003B/1109